THÈSE

POUR

LA LICENCE,

SOUTENUE

par M. Aimé VIEU.

FACULTÉ DE DROIT DE TOULOUSE.

THÈSE

Pour la Licence,

EN EXÉCUTION DE L'ART. 4 , TIT. II DE LA LOI DU 22 VENTÔSE, AN XII,

SOUTENUE

par M. AIMÉ VIEU,

né à Toulouse (Haute-Garonne).

DROIT ROMAIN. — *Des Codicilles.*

CODE NAPOLÉON. — *Du Mariage* (art. 180-228).

PROCÉDURE CIVILE. — *De la vérification des écritures.*

DROIT CRIMINEL. — *Aperçu sur l'histoire de la législation criminelle française depuis les Codes de 1808 et 1810 jusqu'à nos jours.*

TOULOUSE,

IMPRIMERIE DE BELLEGARRIGUE,

RUE DES FILATIERS , 40.
1855

A MON PÈRE, A MA MÈRE,

A MA GRAND'MÈRE, A MON ONCLE,

A MES AMIS,

A la mémoire de mes grands-pères,
de mon frère et de ma cousine.

JUS ROMANUM.

DE CODICILLIS.

Inst. lib. II, t. 25. —Gaius, c. II, § 270, 273.— Pand. de jur. codic., lib. XXIX, t. 7, C. lib. VI, t. 46.

Codicilli sunt : testati vel intestati voluntas, minus solemnis quàm testamentum, de eo quod quis post mortem suam fieri velit.

Duæ codicillis assignari possunt origines : una quidem naturalis, altera verò legalis.

Naturalem originem in verbi atque scripturæ origine invenio. Re quidem verà, postquam prodiit duplex ille modus cogitationis transmittendæ, nulla prohibuit lex quin civis aliquem rogaret, ut hoc vel illud post mortem suam ageret.

Nulla quidem lex existebat, civem illum cogens rem sibi mandatam facere. Ejus fidei cura relinquebatur perficiendi vel non perficiendi; inde intima illa inter codicillos et fidei-commissa conjunctio.

Unum erat dispositio, alterum actus eamdem continens, ita-

— 4 —

que codicilli plerumque epistolarum formâ missi, *Epistolœ fideicommissariœ* nominabantur (1).

Intima illa inter codicillos et fideicommissa conjunctio, Augusto imperante, anno septingentesimo quinquagesimo primo ab urbe conditâ, rupta est; quo quidem tempore, fideicommissa a condicillis separatus testandi modus fiunt, adeo ut utrisque privatæ leges essent. Unde in prœmio tituli XXV inst. Just. legimus hæc verba : *Ante Augusti tempora constat codicillorum jus non fuisse.*

Ex regno igitur Augusti, codicillorum epistolæ legalem originem repetunt, id est jam tùm vim legis habuerunt codicilli, et ab illo tempore iis ad quos mittebantur, non fuit facultas exequendi vel non exequendi; exequendi obligatio semper illis incubuit.

Cur excogitati fuerint codicilli :

Causæ propter quas adoptati sunt codicilli, nituntur necessitate ad indirectas vias confugiendi, ut eluderentur leges quibus restringebatur testandi facultas.

Hæc fuit ratio supremam voluntatem exprimendi civibus oblata, qui procul à patriâ, imminente morte, hoc ipso testari non poterant, cùm circum se arcessere eis non liceret satis multos testes idoneos (2).

Ex supra dictis : non solum ab eo qui testamentum fecit fieri possint codicilli, sed etiam ab intestato (3). Ex eo quòd codicilli sint voluntas, ergo in hoc conveniunt cum testamento quòd hi codicillos facere possint qui possunt testamentum facere. Hoc verò non in eo sensu intelligendum est, quòd qui fecit co-

____

(1) Dig. lib. 32, t. III, l. 37, § 3. —L. XXXI, t. II. l. 89.
(2) T. X, inst. just. De test. ordin.
(3) Dig. libr. 29, t. VII, l. 3, in princ.

dicillum , debuerit testamentum facere., cùm fecit codicillos, sed in eo sensu quòd jus habuerit.

Ergo sunt duo codicillorum genera.

1° Codicilli ab intestato facti; 2° codicilli testamento facti.

Si ab intestato facti sunt, suis subsistunt viribus et vicem testamenti exhibent, unde quæcumque in ipsis fideicommissa relicta sunt præstare tenentur successores ab intestato.

Si a testato facti sunt, quocumque tempore facti sint, id est sive testamentum præcedant, sive subsequantur, a testamento pendent a quo vires accipiunt (1).

Vocantur etiam codicilli testamento confirmati, sive in testamento eorum mentio fiat, sive non fiat.

Illa distinctio in codicillos confirmatos et non confirmatos necessaria est, ut liqueat quam dispositionum naturam singuli continere possint.

Sed priusquam dicamus, quid per codicillos facere liceat, prius dicendum qnod facere nefas sit; quod nobis indicabit discrimen inter codicillos et testamenta.

Potuerunt quidem codicilli cum anteriore posterioreve testamento concurrere, nunquam verò duplex ille disponendi modus eodem ordine habitus est, et numquam jus quo regebantur, confusum est neque confundi potuit.

Nunquam licuit codicillis facere, quod per testamentum agere licebat; sane enim asperitas conditionum quæ requirebantur ut testamentum fieret, possibilitate plures numero dispositiones faciendi compensanda erat.

Omnia fere discrimina inter testamenta et codicillos reperiuntur. §2. Hoc. tit.

1° Enim : *Hereditas non directo dari potest in codi-*

____

(1) Dig. libr. 29, t. XXVI, l. 16.

eillis (1). Ex eo quòd fieri non possit heredum institutio. sequitur quòd hereditas testamento inutiliter data, non potest codicillis quasi hereditas confirmari (2). Illud etiam sequitur quòd conditio sub quâ quis in testamento scriptus est, non possit codicillis remitti. Remittere enim conditionem, nihil aliud est quam heredis institutionem facere.

2° *Neque directo adimi hereditas potest* (3) : Sic per codicillos servo heredi instituto libertas adimi non potest. Cum enim qui heres instituitur, ipso facto liber fiat, illi libertatem adimere nihil aliud foret quam hereditatem ab eo repetere.

Cùm dico hereditatem neque dari neque adimi per codicillos posse, illud de jure directo intelligendum est. Si enim testator dixerit : Seïus heres esto, si per codicillum instituo; valebit illa heredis institutio; (sub eâ tamen conditione quòd institutus non sit filius, nulla enim est institutio filii sub conditione, nisi in potestate ipsius sit conditio), et valida est illa institutio, quia per codicillos fieri institutio non videtur. Codicilli enim nihil aliud sunt nisi conditio sub quâ fit institutio.

3° *Nec substitutio vulgaris fieri codicillis potest* (4).

Scimus enim substitutionem vulgarem nihil aliud esse quam translationem hereditatis in caput alterius heredis, sub eâ conditione quòd primus institutus negaturus sit.

Duplex igitur ratio, cur non liceat substitutionem vulgarem codicillis fieri; prior, quod non liceat codicillis, de totâ hereditate disponere, posterior quòd codicillis conditio imponi nequeat heredis institutioni.

---

(1) Dig. lib. 29, t. VIII, l. 2.
(2) Dig. lib. 37.
(3) Gaius, c. II, § 273. — Dig. lib. 28, t. VII, l. 27.
(4) Dig. lib. 28, t. VI, l. 1.

4° *Neque exheredatio sui heredis potest fieri* (1).

5° *Nec institutioni testamento factœ conditio apponi aut detrahi* (2).

Codicillos a testamento duo alia discrimina distinguunt : prius in impossibilitate consistit ut idem plura testamenta valida faciat, dùm contrà multos codicillos potest facere.

Codicilli enim legata tantummodo et fideicommissa continent; porrò legatorum et fideicommissorum quæ fieri possunt numerus non limitatur; alterum altero non perimitur, nisi expressis verbis testator dixerit (3).

Testamentum contrà heredis institutionem continet, Porrò totam hereditatem necessariò complectitur illa institutio ; duo esse non possunt. Alterum altero perimitur.

Posterius discrimen in magnis consistit solemnitatibus ad validitatem testamenti requisitis, dùm in codicillis nulla exigitur ordinationum solemnitas.

Codicilli tanquam quælibet alia dispositio propter mortem validè fieri possunt scripto vel verbo, hæc sola exigitur conditio, ut quinque testes adsint (4).

De Dispositionibus quas continere possunt codicilli.

Quantùm ad naturam dispositionum quas continere possunt codicilli, facienda est distinctio quam suprâ memoravi, codicillorum confirmatorum et non confirmatorum. Illa quæ distinctio nobis assignabit differentiam inter duo illa codicillorum genera existentem.

Primùm quod spectat ad codicillos testamento confirmatos,

(1) C. lib. VI, t. XXIII, l. 14.
(2) Dig. lib. 29, t. VII, l. 6.
(3) C., lib. VI, t. XXXVI, l. 3.
(4) C. lib. VI, t. XXXVI, l. 8, § 2.

disponens longé majorem habebat latitudinem quàm in non confirmatis, itaque multorum textuum serie videmus confirmatis codicillis quemquam posse :

1° Legatorum titulo disponere;
2° Legatum præcedens revocare aut transferre;
3° Directò servum manumittere (1);
4° Postremùm, testamentarium tutorem dare (2).

Codicilli ab instestato, differunt a codicillis a testato in eo quòd codilli ab intestatato confirmandi non sint, dùm codicilli a testato non valeant, nisi quantùm confirmantur subsequente testamento aut aliis codicillis. Per se valent codicilli ab intestato facti dùm si testamentum existit, illo confirmabuntur codicilli, sive in testamento eorum mentio fiat sive non fiat.

Hoc admittitur principium ut codicillos possit facere et per codicillos accipere quicumque potest testamentum facere et quicumque per testamentum recipere potest.

Ut sciamus quo tempore qui codicillos facit, jus habuerit illos validé faciendi, semper eadem statuenda est distinctio inter confirmatos et non confirmatos testamento codicillos.

Si codicilli confirmati sunt, qui illos fecit, necesse est jus habuerit testandi duplici tempore, scilicet : tempore factionis testamenti et quandò mortuus est, nec opus fuit ut idem jus haberet quandò confecti sunt codicilli. Confirmati enim codicilli a testamento vim suam accipiunt, et quæcumque in codicillis continentur, habentur inclusa testamento.

Si codicilli non sunt confirmati, necesse est disponens capacitatem habuerit tempore quo illos fecit et habeat in morte suâ.

Recipiens verò codicillis confirmatis, recipiendi jus habuisse

(1) G. II, § 27 et seq
(2) Dig. lib. XXVI, T. II, l. 3.

debet triplici tempore , scilicet : momento quo factum est testamentum , in testatoris morte et in hereditatis aditione.

Contrà codicillis non confirmatis, accipiendi capacitas non exigitur nisi momento quo codicilli facti sunt , in morte disponentis, et in aditione.

Ut codicillorum materiam planè pertractemus pauca dicamus de clausulá quam codicillarem auctores vocant , quod quidem nomen nullo modo ad jus romanum pertinet.

Clausula codicillaris (quam pragmatici vocant *herbam betonicam* quasi morbos omnes testamentorum sanet), ea est quâ testator admonet, si ultimæ voluntates non valeant jure testamenti , se velle, easdem valere jure codicillorum.

Tunc hereditas naturaliter deferebatur ad legitimos heredes , qui tenebantur illam hæredi instituto fideicommissorum titulo restituere, retentâ sibi quartâ Trebellianicâ.

Ut illa clausula effectum suum pareret, opportebat ut expressis testamento incerta fuisset.; nunquam interpretationis viâ admittebatur. Hâc sane de clausulâ cogitantes quidem auctores codicillorum hanc definitionem tradunt : Codicilli sunt testati vel intestati voluntas, de eo quod quis post mortem suam fieri velit , minus solemnis quàm testamentum *et cum intentione expressâ solemnitates illas non adhibendi.*

CODE NAPOLÉON.

DU MARIAGE.

Livre I, Titre 5, de (Art. 180 à 228).

Dieu, qui est l'auteur de toutes choses, voulut aussi instituer le mariage en disant : *Non est bonum hominem esse solum.*

La grandeur du mariage se révèle par cette pensée qu'il a fallu qu'un Dieu réfléchit en quelque sorte pour lui donner naissance.

Les Livres sacrés nous initient à deux grandes délibérations de l'intelligence divine : La première suivit la création du monde matériel, lorsque Dieu prononça ces mots : faisons l'homme à notre image, et il créa l'homme.

La seconde précéda l'institution du mariage lorsque Dieu contemplant son ouvrage s'écria : Non, il n'est pas bon que l'homme vive seul, et il créa la femme.

Ainsi furent unis par le mariage les deux chefs-d'œuvre de la pensée du Créateur ; mais comme toute union d'êtres intelligents fait naître des devoirs et des droits, l'homme a jugé nécessaire de régler par des lois ces devoirs et ces droits ; ainsi le mariage est devenu à la fois contrat naturel et contrat civil. Enfin, la religion l'a élevé à la dignité de sacrement.

Le mariage a donc trois caractères : il doit son institution à la nature, sa perfection à la loi, sa sainteté à la religion.

Comme union instituée par la nature, le mariage consiste dans le consentement libre et volontaire des deux parties, dans la foi qu'elles se donnent réciproquement.

Comme contrat civil, il demande non-seulement la liberté du consentement ; mais il faut que ce consentement soit légitime, c'est-à-dire qu'il soit conforme aux lois de l'Etat.

Enfin, comme société consacrée par la religion il doit remplir certaines conditions et être revêtu de certaines formalités sans lesquelles l'Eglise refuse de le sanctionner.

Le mariage a un triple but : 1° la procréation des enfants, qui est due à son origine naturelle ;

2° L'éducation par laquelle ces enfants deviennent des hommes ;

3° Enfin, l'assistance mutuelle que se donnent les époux.

Ces deux derniers devoirs découlent également du triple caractère naturel, civil et religieux de cette instituiton.

Après ces préliminaires, indiquant l'origine, la nature et le but du mariage, j'entre immédiatemedt dans les explications de la partie du titre V du mariage, qui m'est échue par le sort. Et pour parcourir méthodiquement la matière renfermée dans les articles 180 à 228, suivant les divisions du code, je traiterai dans cinq chapitres successifs : 1° des demandes en nullité de mariage; 2° des obligations qui naissent du mariage; 3° des droits et des devoirs respectifs des époux; 4° de la dissolution du mariage; 5° des seconds mariages.

CHAPITRE I.

Des demandes en nullité du mariage.

Pour le complet éclaircissement de ce chapitre, je le diviserai en quatre sections.

La première section indiquera les causes des demandes en nullité; la seconde fera connaître quand, par quelles personnes ces demandes peuvent être exercées, et les fins de non-recevoir; la troisième traitera des effets de l'annulation. Enfin dans une quatrième et dernière section, je parlerai de la preuve du mariage.

Section Ire.

Des causes donnant lieu aux demandes en nullité.

Il y a d'abord une différence a établir entre un acte *nul* et l'acte simplement *annulable.*

L'acte nul est celui qui n'existe pas, dont l'existence n'est qu'une apparence sans réalité. L'acte annulable au contraire est celui qui s'est vraiment formé, qui a une existence véritable; mais qui se trouve entaché d'un vice pour lequel la loi permet de le faire briser, casser, annuler.

L'acte nul étant celui qui n'a pas d'existence ne peut donc

pas être vicié ni confirmé, car le néant n'est susceptible d'aucune amélioration ni modification. *Nihili nullæ sunt proprietates; quod nullum est nullum producit effectum.*

Au contraire, quand l'acte n'est nul que dans le sens impropre du mot, c'est-à-dire qu'il a une existence réelle mais seulement vicieuse, cet acte est susceptible de ratification, de restauration; en outre, cet acte, puisqu'il existe, continuera d'exister tant qu'on ne le cassera pas, d'où la nécessité de former contre lui une demande en cassation en d'autres termes en action en nullité.

Il existe deux espèces de conditions pour pouvoir contracter mariage. Les conditions affirmatives, dont l'absence constitue les empêchements *prohibitifs*; et les conditions négatives dont l'absence constitue les empêchements *dirimants*.

Les empêchements probitifs se divisent en prohibitifs proprement dits, qui sont ceux dont l'existence s'oppose à la formation du mariage, et en prohibitifs simples qui sont ceux dont l'existence ne nuit ni à la validité du contrat ni à son existence. La présence de l'un d'eux est bien un obstacle à la célébration de l'union; mais, si par le fait, cette célébration, toute prohibée qu'elle était, a cependant eu lieu, le mariage reste inattaquable.

Les empêchements dirimants sont ceux qui opèrent la nullité d'un mariage contracté. Donc, en faisant connaître les empêchements dirimants, les causes qui donnent lieu que aux demandes en nullité seront suffisamment indiquées.

Les empêchements dirimants, ainsi appelés parce que tout en laissant le mariage se former, ils donnent la possibilité de le faire briser (*dirimere*), sont au nombre de huit, savoir :

1° Le défaut de liberté dans le consentement de l'un des époux;

2° L'erreur d'un des époux sur les qualités principales de l'autre ;

3° Le défaut de consentement des personnes dont dépend un époux mineur ;

4° L'impuberté des époux ou de l'un d'eux ;

5° L'engagement actuel d'un des époux dans les liens d'un mariage valable et dont le conjoint n'est pas absent ;

6° La parenté ou alliance des époux au degré prohibé ;

7° Le défaut de publicité du mariage ;

8° Enfin, l'incompétence de l'officier qui a procédé à la célébration.

L'existence d'un seul de ces huit empéchements constitue une cause de demande en nullité ou pour mieux dire en annulation.

Section II.

Quand et par quelles personnes les demandes en annulations peuvent être exercées. Fins de non-recevoir.

Les nullités donnent lieu aux demandes en annulation, se subdivisent en nullités absolues et nullités relatives.

Les nullités absolues sont ainsi appelées parce que l'action à laquelle elles donnant lieu est ouverte à tous ceux qui ont un intérêt, soit moral, soit pécuniaire à l'intenter ; puis aux deux époux, même à celui dont le mariage constituerait un crime.

Les nullités relatives se distinguent des nullités absolues, non seulement à cause de leur gravité ; mais, aussi parce que le nombre des personnes qui peuvent s'en prévaloir est beancoup plus restreint.

§ 1. *Nullités absolues.*

Trois questions à résoudre :

Première question. — Dans quel cas y a-t-il nullité absolue ? En d'autres termes, quelles sont les nullités absolues ?

Seconde question. — Quelles personnes peuvent se prévaloir des nullités absolues et dans quel délai ?

Troisième question. — Cas de nullités absolues rémédiables ou fins de non-recevoir.

Première question.

Quand y a-t-il nullité absolue ? End'autres termes, quelles sont les nullités absolues ?

Les nullités absolues sont au nombre de cinq, savoir :

1° *L'impuberté des époux ou de l'un d'eux.*

L'homme avant dix-huit ans, la femme avant quinze ans ne peuvent se marier à moins de dispenses que le chef de l'Etat peut accorder pour des causes graves ; mais ces dispenses n'ont point l'effet de valider le mariage antérieurement contracté (art. 144 et 145).

2° *La bigamie.*

3° *La parenté ou l'affinité des époux, c'est-à-dire l'in-ceste.*

Le mariage entre l'adoptant et l'adopté n'est point un cas d'inceste, comme le disent MM. Marcadé et Zachariæ. On peut appuyer cette opinion sur deux raisons : la première, c'est que l'art. 184 ne fait pas mention de ce cas et la seconde, parce qu'il y a une distance considérable entre les parents unis par les liens du sang et les parents unis seulement par les liens civils.

4° *et 5°. La célébration par un officier incompétent et la non publicité antérieure et contemporaine à cette célébration* (art. 191).

Ces deux nullités ne sont à proprement parler que les deux parties d'une condition unique non exécutée, savoir : la publicité du mariage, qui se divise en publicité de fait, résultant de l'accomplissement des moyens matériels de notification et publicité civile résultant de la célébration devant l'officier compétent, constitué par la société le premier témoin du mariage.

Il ne faut pas confondre les mariages *secrets* et les mariages *in extremis* avec les mariages *clandestins*.

On appelle mariages *secrets* ceux qui, quoique contractés selon les lois, avaient été tenus cachés pendant la vie des époux, ceux dont la connaissance avait été concentrée avec soin parmi le petit nombre de témoins nécessaires à leur célébration. Une loi de 1639, privait de tous les effets civils ces mariages, qui ressentaient plutôt la honte d'un concubinage que la dignité d'un mariage. Le but principal de cette loi était de prévenir les alliances inégales qui blessaient l'orgueil des grands noms, ou qui ne pouvaient se concilier avec l'ambition d'une grande fortune. Ces préjugés ayant été bannis de notre législation, la déclaration de 1639 est abrogée.

Les mariages *in extremis* étaient par le même édit de 1639, assimilés aux mariages secrets; mais on a pensé qu'il n'était pas juste de condamner au désespoir un père mourant, dont le cœur déchiré par les remords voudrait en quittant la vie, assurer l'état d'une postérité innocente dont il prévoit la misère et le malheur. aussi ces mariages ne sont-ils plus défendus sous l'empire du Code.

Seconde question.

Quelles personnes peuvent se prévaloir des nullités absolues et dans quel délai.

Théorie générale. L'intérêt est la mesure d'un acte; c'est-à-dire qu'une individu ne peut pas intenter une action judiciaire lorsqu'il n'y a aucun intérêt. Ainsi ceux qui peuvent attaquer le mariage en nullité absolue sont tous ceux qui

4° Ceux qui ont intérêt pécuniaire à l'annulation du mariage : quels sont-ils ?

En général ces personnes sont ou bien les collatéraux des époux, ou bien les enfants nés d'un précédent mariage. Le plus souvent c'est un acte de succession qui motive l'action. Des créanciers peuvent avoir intérêt à l'annulation d'un mariage ; car la femme supposée valablement mariée a sur les biens de son mari un droit tout particulier ; elle passe avant tous les autres créanciers. Les créanciers ont donc un grand intérêt à l'annulation du mariage.

Ceux qui ont un intérêt pécuniaire à l'annulation du mariage peuvent agir du moment où leur intérêt existe. L'héritier seul ne peut agir qu'à partir du moment où la succession est ouverte, après la mort des époux. Les créanciers n'ont besoin pour agir que de voir leur intérêt compromis, c'est-à-dire dès que les biens du mari ont été vendus, ils peuvent donc demander la nullité du mariage, même du vivant des époux. Telle est l'explication de l'art. 187.

Troisième question.

Cas de nullités absolues rémédiables, ou Fins de non-recevoir.

On entend par *Fins de non-recevoir*, un moyen employé par une partie contre laquelle on forme un acte et à l'aide duquel cette partie empêche que l'acte fait contre elle, ne soit examiné au fond.

En principe, les nullités absolues sont irrémédiables. Tels sont la bigamie, l'inceste qu'une co-habitation, même de cinquante ans entre les époux ne pourrait réparer. Par exception, la loi a admis des moyens de réparation ; elle dit que si le mariage a été célébré dans telle ou telle condition entraînant nullité absolue en principe, si telle circonstance se réalise le vice sera réparé, et ce vice réparé constituera une fin de non-recevoir.

Passons en revue chacun des cas pour lequels la loi admet des fins de non-recevoir.

1° *Cas d'impuberté.*

La loi a fixé une époque avant laquelle on ne peut pas se marier, parce qu'elle suppose qu'avant cette époque on n'est pas apte au mariage. La loi parle à ce sujet de deux fins de non-recevoir (art. 185 et 186).

L'art. 185 suppose que la femme est impubère; elle est en présomption de ne pas pouvoir concevoir. Cependant par exception, la femme a conçu, la loi déclare que ce fait suffit pour rendre l'action en annulation non recevable; mais si le mari était impubère, la conception de la femme ne prouverait rien. Cela posé, quand faut-il que la conception de la femme ait eu lieu pour que l'action en nullité ne soit pas recevable? Il faut qu'elle ait eu lieu avant l'échéance des six mois. L'art. 186 admet une fin de non-recevoir toute spéciale contre les parents qui ont donné leur consentement au mariage des impubères, en signifiant que l'action en nullité qu'ils intenteraient ne serait pas recevable.

2° *Cas de bigamie.*

Le mariage attaqué pour cause de bigamie ne peut pas l'être dans le cas de l'art. 189. En effet, il n'y a bigamie que si le premier mariage a été reconnu valable; mais si ce premier mariage est nul, il n'y a pas bigamie.

Pour prouver la nullité du premier mariage, il faut que l'époux déjà remarié présente l'acte de décès de son conjoint. Il ne suffirait pas qu'il dit que depuis très longtemps il est absent et qu'on ne sait pas ce qu'il est devenu.

y ont un intérêt et tout autant que cet intérêt est mis en jeu. Il y a deux genres d'intérêt, l'intérêt social et l'intérêt privé. Un contrat passé malgré des nullités absolues viole les règles d'ordre public en général et aussi l'intérêt moral de la famille; mais comment l'intérêt privé peut-il être blessé par une nullité absolue? La réponse est toute simple; en effet, si le mariage n'avait pas eu lieu, la succession des époux aurait appartenu à tel ou tel parent; si le mariage est maintenu, les enfants qui en résultent, excluent les autres parents.

Passons en revue les personnes qui peuvent se prévaloir des nullités absolues.

1° *Le ministère public.*

Le ministère public, mandataire et représentant légal de la société blessée par l'atteinte que les mariages entâchés d'une nullité absolue, portent aux bonnes mœurs est chargé d'attaquer ces mariages et de faire séparer les époux.

L'art. 190 qui lui confère ce droit présente une équivoque au sujet de ces mots : *peut et doit* demander la nullité du mariage. Le Code civil n'a pas voulu faire au ministère public une obligation de demander la nullité du mariage en disant *doit demander*; cette expression a été employée parce qu'il *peut* agir du vivant des deux époux et qu'il *doit* agir de leur vivant. Ce qui prouve qu'il en est ainsi, c'est que l'art. 191 qui parle du cas de défaut de publicité ou d'authenticité ne reproduit pas cette expression *doit.*

2° *Les époux eux-mêmes.*

Ordinairement et en principe, personne ne peut argumenter de sa propre faute. *Nemo auditum propriam turpitudinem allegans.* Ici il en est autrement et pour atteindre plus sûrement les mariages entâchés d'une nullité absolue, la loi, dans les art. 184 et 191 permet aux deux époux et par conséquent à l'époux bigame par exemple aussi bien qu'à l'autre d'exercer l'action en nullité. L'un des époux ne peut pas agir après la mort de l'autre, car il doit agir pendant que la nullité existe encore, à moins qu'il ne soit de bonne foi.

3° *Les ascendants.*

Les ascendants, s'ils agissent pour intenter l'action en nullité, peuvent agir comme représentant l'intérêt moral de la famille et pour leur intérêt privé ; car si le mariage est nul, les enfants qui en sont issus ne pourront pas hériter de leurs parents et la succession revient aux ascendants.

Quand les ascendants agissent dans un intérêt moral, ils peuvent intenter l'action en annulation, dès le moment où le scandale commence, c'est-à-dire à partir de la célébration du mariage. De plus, contrairement à M. Toullier, je crois que les ascendants ne sont pas obligés de suivre l'espèce de gradation tracée par la loi relativement aux oppositions au mariage. Aussi, alors même que les époux ont leur père et mère, les ascendants supérieurs peuvent exercer l'action en nullité. Ce qui me détermine à adopter cette opinion, c'est que dans l'espèce les ascendants exercent leur droit comme représentant l'intérêt moral de la famille. Si le mariage est dissous par la mort de l'un des époux, un ascendant pourra-t-il demander que le mariage soit annulé ? Oui, car il peut avoir un intérêt privé à cette annulaion. En effet, si le mariage n'était pas valable, les enfants qui en sont issus sont illégitimes et ne peuvent pas réclamer la part de succession qui leur aurait été dévolue. L'époux survivant au contraire, à raison de cet intérêt privé, ne peut pas demander la nullité du mariage, pour punir cet époux indigne qui, connaissant la cause de nullité de son mariage, a gardé le silence pour ne s'en souvenir que quand la question d'argent s'est agitée.

que par l'époux dont le consentemet n'a pas été suffisamment libre; et l'action qni ne passerait pas même à son héritier et qui s'éteint toujours par sa mort, ne peut plus être
intentée par lui , quand le vice est couvert. Or , ce vice
se couvre par trois causes : 1° une ratification formelle donnée par l'époux après la recouvrance de sa liberté; 2° une
ratification tacite résultant d'une cohabitation de six mois depuis cette même recouvrance; 3° enfin, la prescription, laquelle
s'accomdlit par le laps de trente années à partir de la
recouvrane de la liberté (art. 180 et 181).

2° *L'erreur d'un époux dans la personne de son conjoint;*
en d'autres termes, sur les qualités principales de ce conjoint.
Elle suit les mêmes règles que la précédente.

3° *Le défaut de consentement des père et mère des ascendants ou du conseil de famille dont le consentement est
nécessaire.* Or , ce consentement est nécessaire lorsque les
époux sont mineurs; or, sont mineurs, quant au mariage, tous
les hommes et femmes ayant moins de vingt-un ans, et aussi
les hommes, qui, ayant plus de vingt-un ans et moins de
vingt-cinq, ont encore des ascendants en état de manifester
leur volonté.

L'action en annullation pour défaut de consentement de la
famille ne peut être proposée que par ceux dont le consentement était requis, ou par celui des deux époux qui ont
besoin de ce consentement,

Le consentement dont il s'agit peut être donné ou verba-
lement par la personne présente au mariage, ou par un acte
écrit, lequel doit être passé devant notaire.

L'action s'éteint vis-à-vis de la famille et vis-à-vis de l'enfant, par la ratification de la famille; elle s'éteint aussi par
la ratification de l'enfant, mais vis-à-vis de lui seulement.

La ratification de la famille, c'est-à-dire de celui ou de ceux qui devaient consentir, peut être expresse ou tacite. La ratification tacite résulte du silence gardé par la famille pendant un an à partir de la connaissance qu'elle a eue du mariage. La ratification de l'enfant ne peut être donnée expressément qu'après le moment où il est dans les conditions voulues pour consentir seul au mariage, et elle ne peut résulter tacitement que du silence gardé par lui pendant une année à partir de ce même moment (art. 183).

SECTION. III.

Des effets de l'annulation.

Effets ordinaires de l'annulation.

Les époux qui ont cessé d'être unis ne l'ont jamais été. Leur union a toujours été contraire à la loi, et leur commerce a été plus ou moins criminel, suivant que le vice qui a fait annuler leur mariage était plus ou moins grave. L'annulation anéantit toutes conventions formées par le contrat de mariage.

Modifications que la bonne foi des époux ou de l'un d'eux apporte aux conséquences rigoureuses de l'annulation du mariage.

Les art. 201 et 202 inspirés par la législation canonique s'occupent des effets des mariages nuls contractés de bonne foi, que l'on appelle *mariages putatifs.*

L'union qui devient nulle, ou qui est déclarée nulle, produit néanmoins tous les effets civils d'un mariage légitime, dès là qu'il y a eu au moment de la célébration bonne foi des deux époux ou de l'un d'eux, quand même cette bonne foi aurait

Quid? dans le cas où l'officier de l'état-civil aurait consenti à marier des personnes qui n'avaient prouvé que l'absence de leur conjoint. Dans toute la rigueur des principes, il y a bigamie et le second mariage devra donc être nul ; mais la loi a dérogé à ce principe rigoureux.

La loi reconnaît une grande différence entre cette bigamie et celle que j'appellerai bigamie proprement dite ; et elle établit cette différence sur les grands inconvénients résultant de l'annulation de semblables mariages. En effet, si après la célébration du second mariage, on apprend que le premier conjoint est mort soit avant, soit après la célébration du second mariage qui aura été annulé, on sera obligé de le revalider. Mais du moment qu'on aura prouvé que le premier conjoint existe, il y aura bigamie complète, le second mariage devra être annulé et la restriction de l'art. 139 n'est plus applicable.

En cas de bigamie, les personnes qui ont un intérêt pécuniaire à l'annulation du mariage ne peuvent plus agir si l'époux délaissé qu'ils représentent est décédé.

La question de savoir si dans ce même cas l'action en nullité est éteinte pour le ministère public, est controversée.

Ceux qui optent pour la négative disent : De même que les ascendants peuvent toujours agir, comme représentant l'ordre moral, de même le ministère public représentant l'ordre public doit toujours pouvoir agir. Ils se trompent; car la dissolution du premier mariage fait cesser le scandale.

Le décès de l'époux abandonné est donc pour tous une fin de non recevoir.

3° *Cas de clandestinité.*

On entend par possession d'état, la notoriété qui résulte d'une suite non interrompue de faits tendant à prouver l'état dont une personne a joui dans la société et dans la famille. -

Le vice de clandestinité peut être couvert par la possession d'état. Ce qui me détermine à adopter cette opinion contraire à celle qu'a émis **M.** Portalis dans l'exposé des motifs, c'est le peu d'intérêt que j'entrevois à faire annuler un mariage clandestin, si les parents ont reconnu que ce mariage clandestin etait régulier, si le ministère public n'agit qu'à cause du scandale, si la société regarde les conjoints comme valablement mariés.

Mais quand et par quel moyen y aura-t-il possession d'état suffisante d'époux légitime? Après combien de temps une action en nullité devra-t-elle être déclarée non-valable? Ce sont là, on le conçoit, des points de fait pour l'appréciation desquels les tribunaux ont une entière latitude.

A part les exceptions que je viens d'indiquer, les nullités absolues sont irrémèdiaables.

§ II. NULLITÉS RELATIVES.

Les nullités relatives se distingnent des nullités absolues non-seulement à cause de leur gravité, mais aussi parce que le nombre des personnes qui peuvent s'en prévaloir est beaucoup plus restreint.

Les nullités relatives sont au nombre de trois.

1° *Le défaut de liberté dans le consentement de l'un des époux.*

Ce défaut peut résulter, soit de violence, soit de séduction. C'est aux tribunaux à décider, par l'appréciation des circonstances, si les causes qui ont détruit la liberté sont vraiment immorales et si le défaut de liberté est suffisant pour annuler le mariage.

Du reste, le mariage ne peut être attaqué pour cette cause

cessé depuis. Quand un seul époux est de bonne foi, les effets civils n'ont pas lieu pour l'époux de mauvaise foi, ni pour ses représentants.

Le mariage putatif ne produit pas d'effet postérieurement à la déclaration de nullité, mais seulement dans l'intervalle de la célébration à cette déclaration, et il conserve ces effets pour toujours, en sorte qu'il est absolument sur la même ligne qu'un mariage valable dont la dissolution arriverait au moment où a lieu la déclaration de nullité.

Entrons dans quelques détails. Si l'un des époux est seul de bonne foi, le mariage putatif produit à l'égard des enfants qui en sont issus les mêmes effets que si les deux époux étaient de bonne foi; en sorte que ces enfants sont légitimes vis-à-vis de la succession de l'époux de bonne foi et de celui qui ne l'était pas.

La première question que cette matière difficile fait naître est de savoir quelles sont les unions susceptibles de constituer un mariage putatif. Avec M. Merlin, je répondrai que le mariage vraiment existant et simplement annulable est le seul qui puisse constituer un mariage putatif. En sorte que si complète que puisse être la bonne foi des parties, si excusable que soit leur erreur, les effets civils ne pourraient jamais avoir lieu, dès là qu'il s'agirait d'une union qui ne réunirait pas les trois conditions essentielles au mariage, me fondant sur ce grand principe, que les mariages entachés d'un empêchement prohibitif proprement-dit, sont nuls et sans existence; or le néant n'est susceptible ni d'amélioration ni de modification. Et ne serait-ce pas l'améliorer et le modifier que d'accorder aux mariages nuls les mêmes effets qu'à ceux remplissant toutes les conditions exigées par la loi ?

Une autre question non moins grave que la première et fort controversée est celle-ci : L'enfant conçu depuis la cessation de la bonne foi de la part des époux , mais avant l'annulation de leur mariage peut-il réclamer les effets ordinaires du mariage putatif?

Je crois avec M. Zachariæ que l'affirmative doit être admise , et la négative enseignée par Toullier doit être rejetée, et ce qui me détermine à adopter cette opinion , c'est que comme je l'ai déjà dit, le mariage putatif produit des effets dans l'intervalle de la célébration à la déclaration de l'annulation.

Section IV.

De la preuve du mariage.

Pour établir que l'nnion de deux personnes constitue vraiment un mariage légitime , il ne suffit pas de prouver qu'une célébration régulière a eu lieu , car rigoureusement , pour établir un mariage légitime, il faut prouver : 1° qu'une célébration de mariage a eu lieu entre les époux ; 2° qu'ils étaient capables de consentir ; 3° enfin , qu'il n'existait aucun empêchement dirimant.

Ce sera à celui des époux qui voudra faire la preuve de son mariage de prouver le fait de la célébration; et ce sera à ceux qui prétendraient qu'il existait un empêchement à la formation du mariage de le prouver; d'après cet adage : Qui avance un fait doit le prouver.

Les moyens de preuves autorisés par la loi sont différents , selon que la célébration est invoquée par des enfants du prétendu mariage ou par tous autres intéressés.

En général , la preuve du mariage se tire des registres publics où est inscrit l'acte de célébration, et nul ne peut réclamer le titre d'époux et les effets civils du mariage s'il ne représente un acte de célébration, inscrit sur le registre de l'état civil. Il ne suffirait pas aux époux ou à leurs représentants d'invoquer une possession d'état qu'il est trop facile de se procurer. Cependant cette possession d'état produirait un effet contre ces époux : ce serait de valider un acte irrégulier de célébration, et cet acte, pour si informe qu'il fût, deviendrait inattaquable par eux. Mais la nullité de cet acte pourrait toujours être invoquée contre eux par des tiers.

Il est permis de prouver par témoins qu'à l'époque de la célébration alléguée il n'a pas été tenu de registres, ou que leur tenue a été interrompue, ou que les registres ont été perdus ou détruits, et lorsque ces preuves ont été faites, il est aussi permis de faire la preuve de la célébration par témoins.

Lorsqu'un acte de mariage a été mis hors d'état de servir par un crime ou par un délit, et que par le résultat de la procédure criminelle ou correctionnelle la preuve de la célébration se trouve acquise les époux peuvent remplacer leur acte de celébration par l'inscription du jugement sur les registres.

Quand ce sont des enfants du mariage qui invoquent la célébration comme une des preuves de leur légitimité, ils n'ont pas besoin de rapporter l'acte de célébration sous ces quatre conditions : 1° que leurs deux auteurs soient morts ou dans l'impossibilité physique de leur procurer des renseignements ; 2° qu'ils jouissent de la possession d'état d'enfant légitime ; 3° que les deux auteurs aient ou aient eu pendant leur vie la possession d'état d'époux ; 4° que leurs possessions d'état ne soient pas démenties par leur acte de naissance.

La loi présume en faveur des enfants la célébration du mariage de leurs auteurs, mais il n'est pas défendu aux adversaires des enfants de prouver que cette célébration présumée n'a jamais eu lieu.

CHAPITRE II.

Des obligations qui naissent du mariage.

Les obligations qui naissent du mariage sont relatives , ou aux époux entre eux , ou à leurs enfants, ou à leurs parents et alliés.

On pourrait croire toutes ces obligations réunies dans ce chapitre en acceptant la généralité de sa rubrique. Mais il n'en est pas ainsi. D'abord les obligations purement pécuniaires ne sont pas tracées dans ce chapitre , pas plus que les droits et les devoirs d'un ordre plus élevé qui font l'objet du titre IX. Le Code , dans ce chapitre, ne s'occupe que de quelques-unes des obligations que le mariage fait naître contre les époux et d'autres personnes , et on peut le résumer en disant, qu'il ne traite que des aliments que les parents et enfants doivent se fournir entre eux.

Je divise la matière en trois paragraphes : 1° quelles personnes se doivent des aliments ; 2° qu'elle est l'étendue de cette obligation; 3° enfin, quand elle cesse.

§ 1er. — *Quelles personnes se doivent les aliments.*

La première des lois de la nature que la loi civile sanctionne par une disposition spéciale est l'obligation de nourrir ses enfants.

L'obligation des père et mère d'élever leurs enfants , ce qui comprend les nourrir et entretenir, ne se forme pas et ne naît pas du mariage , car elle est identiquement la même que les père et mère soient mariés ou non. En mariage et hors mariage, c'est uniquement et toujours le fait de la génération qui donne naissance à cette obligation. Et ce n'est pas seulement le droit naturel qui proclame cette vérité, c'est aussi le Code Civil, puisqu'il reconnait le droit à des aliments, non pas seulement aux enfants légitimes, mais aussi aux enfants naturels et même aux incestueux, aux adultérins.

Quoique l'art. 203 ne parle que des père et mère, l'obligation s'étend, à leur défaut, aux ascendants supérieurs. Néanmoins, comme elle ne leur est pas imposée par un texte spécial du Code, les tribunaux pourraient, suivant les circonstances, rejeter l'action alimentaire dirigée par les petits enfants contre leurs aïeuls et aïeules.

Ce n'est pas seulement à leurs enfants, mais encore à leurs gendres et à leurs brus ou belles-filles, que les pères et mères doivent des aliments. L'obligation de la dette d'aliments entre parents légitimes et alliés, peut se résumer en disant que chaque individu doit des aliments à ses ascendants, aux ascendants de son conjoint, à ses descendants, aux conjoints de ses descendants, et que réciproquement il peut en exiger de ces mêmes personnes.

§ 2. — *Quelle est l'étendue de cette obligation.*

C'est sur le besoin de celui qui demande et sur les facultés de celui à qui l'on demande que doit évidemment se mesurer la quotité des aliments.

L'obligation de fournir des aliments comprend tout ce qui est nécessaire à la vie, la nourriture, le logement, le vêtement. Mais comme ces besoins n'ont rien d'absolument fixe, la loi n'a pu tracer que quelques règles pour guider le magistrat dans ce qu'il ordonnera. Ainsi, l'obligation des père et mère ou autres ascendants, varie suivant leur fortune et leur état , suivant les besoins et les ressources de l'enfant. C'est au magistrat d'étendre ou de refuser l'obligation suivant les circonstances.

Pour la classe pauvre , l'obligation se réduit à mettre les enfants en état de travailler et de gagner leur vie.

Mais les enfants de personnes plus favorisées par la fortune ont droit à des secours plus étendus , lors-même que leur éducation est finie et qu'ils ont atteint leur majorité.

La demande des père et mère qui offrent de recevoir, de nourrir et d'entretenir dans leur demeure l'enfant à qui ils doivent des alimens est toujours favorable. Le Code laisse aux tribunaux à prononcer si les offres du père ou de la mère doivent les dispenser de payer la pension alimentaire.

Une question fort controversée est celle de savoir si la dette alimentaire n'est pas solidaire ou si du moins elle n'est pas indivisible. On appelle *solidaire* la dette qui, existant sur plusieurs co-débiteurs qui se sont obligés ou que la loi oblige à payer l'un pour l'autre comme mandataires réciproques, peut être exiger en entier, *in solidum*, de celui de ces co-débiteurs que le créancier voudra attaquer. La dette indivisible est celle qui par la nature même de son objet n'est pas succeptible d'être exécutée pour partie. Avec M. Zachariæ et contrairement à Toullier, je dis que la dette alimentaire n'est ni divisible ni solidaire.

Et d'abord elle n'est pas indivisible. En effet, les aliments en nature soit l'argent au moyen duquel on se les procurera peuvent sans aucun doute être fourni par deux, trois ou quatre personnes. Divisible par le fait et aux yeux de la raison, la dette alimentaire l'est aussi dans la volonté expresse du législateur, puisque d'après l'art. 208, ils ne sont accordés que dans la proportion de la fortune de celui qui les doit. Ainsi, s'ils sont dus par deux enfants dont l'un est moitié plus riche que l'autre, ce dernier ne devra être condamné qu'à un tiers et le premier à deux tiers, donc il y a des parts inégales.

L'obligation alimentaire n'est pas solidaire : en effet, d'après l'art. 1202, la solidarité ne naît jamais de la nature de la créance; elle n'existe que quand elle est formellement convenue, ou quand la loi l'a imposée par une disposition expresse. Or, aucun texte ne déclare solidaire la dette alimentaire. La preuve de la divisibilité de cette dette peut aussi servir de preuve de sa non solidarité; en effet, les aliments ne sont accordés d'après l'art. 208 que dans la proportion de la fortune de celui qui les doit; or, en serait-il ainsi, si le créancier pouvait exiger la dette, en entier *in solidum* de celui des co-débiteurs qu'il voudrait. Évidemment non.

La dette d'aliments n'entraîne pas, pour celui qui en est tenu l'obligation de payer les dettes de celui à qui elle est due; excepté s'il s'agissait de dettes dont l'acquittement serait précisément l'exécution de l'obligation d'aliments.

C'est à l'action alimentaire que se borne le droit des enfants; ils ne peuvent forcer les père et mère de leur procurer un établissement par mariage ou autrement. Cette dernière disposition a été établie dans le but de donner plus de force à la puissance paternelle assez faible dans nos mœurs et dans la pensée que les parents n'useront de cette puissance que dans l'intérêt même des enfants.

§ 3. — *Quand cesse l'obligation de fournir des aliments.*

Les aliments n'étant accordés que pour les besoins de celui qui les réclame et en proportion des facultés de celui qui les doit, il est évident, comme le dit l'article 209, que lorsque celui qui fournit ou celui qui reçoit des aliments est replacé dans un état tel que l'un ne puisse plus en donner, ou que l'autre n'en ait plus besoin en tout ou en partie, la décharge ou réduction peut en être demandée.

L'obligation de donner des aliments entre les gendres ou brus et les beaux-pères et belles-mères cesse :

1° Lorsque la belle-mère a convolé en secondes noces ; c'est alors à son mari de la nourrir et entretenir;

2° Lorsque celui des époux qui produisait l'affinité, et les enfants issus de son union avec l'autre époux sont décédés.

Pour imposer la dette à un parent ou à un allié plus éloigné, il n'est pas nécessaire que l'allié ou le parent plus proche soit mort ou même dans l'impossibilité d'acquitter aucune partie de dette, mais il suffit que les parents ou alliés plus proches ne puissent l'acquitter en entier.

CHAPITRE III.

Des droits et des devoirs respectifs des époux.

Les droits et les devoirs des époux se divisent : 1° en droits et devoirs des époux *réciproquement mutuels* ; 2° et en droits et devoirs *speciaux du mari*, qui constituent ce qu'on appelle la puissance maritale quant aux actes civils de la femme.

§ I. DROITS ET DEVOIRS MUTUELS

1° *Devoirs de fidélité, de secours et d'assistance.*

La fidélité est non-seulement un devoir moral, mais elle est encore garantie par le Code pénal (art. 336).

L'assistance et le secours sont deux devoirs qui nont rien

de commun. Le secours sort de la bourse (*ex areâ*), l'assistance vient du cœur (*ex virtute*). Le mari est établi par la nature même, le protecteur et le surveillant de l'épouse qui, étant plus faible que son mari, a besoin de son appui ; aussi est-il nécessaire qu'elle lui obéisse : C'est ce qu'avait compris la loi romaine en disant que le mari devait défendre sa femme et non pas la femme, son mari (Liv. 2. Dig. de Nuptiis).

2° *Du devoir de cohabitation, étendue de l'obligation où est la femme de suivre son époux,*

La cohabitation est encore un des devoirs des époux. La femme est tenue de suivre son mari partout, pourvu qu'il offre un domicile convenable. D'après ce principe, la femme qui refuse d'habiter avec son mari ne peut pas adresser au tribunal une demande de pension alimentaire : elle ne peut pas obtenir cette pension, quand même elle aurait à se plaindre de son mari; car dans ce cas, elle n'a qu'à s'adresser aux tribunaux pour demander la séparation, et alors la demande alimentaire suivra le sort de la demande en séparation.

Si le mari va en pays étranger, la femme est obligée de l'y suivre; mais si le mari se fait naturaliser, la femme restera française. Le mari pourra recourir à la force publique pour contraindre sa femme à venir habiter avec lui.

Quid? Si le mari refusait de recevoir sa femme. Quels moyens coërcitifs la femme pourra-t-elle employer pour habiter avec son mari? Si le mari est dans le domicile conjugal, ce domicile étant aussi celui de la femme, elle pourra employer la force publique pour contraindre le mari à l'y recevoir. Mais si le mari est hors du domicile conjugal, personne ne pourra le forcer à prendre sa femme avec lui.

§ II. *Droits et devoirs spéciaux au mari, ou de la puissance maritale quant aux actes civils intéressant la femme.*

1° *Dans quel cas l'autorisation du mari est ou n'est pas nécessaires.*

L'art. 217 répond à cette question. Tout l'article rentre dans ces deux idées : incapacité d'aliéner, incapacité d'acquérir.

En effet, cet article défend à la femme de donner ou d'hypothéquer sans l'autorisation de son mari. Or, donner c-est aliéner gratuitement, et hypothéquer c'est encore aliéner, puisque l'hypothèque est un droit réel, un démembrement du droit de propriété que le concédant fait sortir de son patrimoine pour le faire passer dans le patrimoine du concessionnaire. Il eût été donc plus logique et plus simple de dire que la femme sans l'autorisation du mari ne pouvait ni aliéner ni acquérir.

La femme ne pouvant aliéner, ne peut faire ni donations, ni ventes, ni échange, ni renonciation, ni paiement, ni concession de servitudes soit réelles soit personnelles.

Ne pouvant pas non plus acquérir, la femme ne peut ni recevoir une somme, ni acheter, ni accepter une donation. On ne peut s'étonner de voir prohibée l'acquision à titre onéreux, puisqu'elle ne serait possible qu'au moyen d'un aliénation réciproque. La prohibition à titre gratuit, qui est fondée sur une autre cause, se comprend tout aussi facilement, car il n'est jamais convenable qu'une femme reçoive quelque chose à l'insu du mari.

Si le mariage de la femme n'était pas connu dans le lieu de sa demeure, si elle passait dans le pays pour fille ou pour veuve, les obligations qu'elle contracterait seraient valables, d'après cette maxime : *error communis facit jus.*

.Si la femme prend un faux non , elle se rend coupable d'escroquerie et deviend personnellement obligée , car l'autorisation du mari n'est pas nécessaire lorsque sa femme est poursuivie en matière criminelle ou de police.

L'ineapacité des femmes mariées s'étend ordinairement aux actes d'administration de tous leurs biens. Cette règle a des exceptions : ainsi la femme mariée sous le régime dotal n'a pas besoin d'être autorisée pour les actes relatifs seulement à l'administration de ses biens paraphernaux. Les autres exceptions que j'aurais à citer sont formulées dans le titre du contrat de mariage , je me borne à renvoyer aux art. 1554, 1556, 1449, 1576.

2° Quand et comment l'autorisatien peut être donnée ou suppléée par la justice.

L'autorisation du mari peut être expresse ou tacite et présumée. Le Code nous donne un exemple d'une autorisation présumée dans la femme marchande publique , qui peut s'obliger seule , sans autorisation spéciale , en tout ce qui concerne son commerce , et dans ce cas , elle oblige aussi son mari , s'il y a eu communauté entre eux. Mais la femme marchande ou non-marchande ne peut ester en justice sans l'autorisation de son mari.

La puissance maritale doit être une puissance de protection et non d'oppression ; si le mari refuse à la femme l'autorisation dont elle a besoin pour des actes qu'elle a intérêt de faire , elle peut recourir à l'antorité de la justice.

Après avoir fait une sommation à son mari , et sur le refus par lui fait, elle présente requête au président du tribunal de première instance du domicile commun. Le président rend une ordonnance portant permission de citer le mari à jour indiqué à la chambre du conseil, pour déduire les moyens de son refus. Le mari entendu, ou faute par lui de se présenter, il est rendu, sur les conclusions du ministère public, un jugement qui statue sur la demande de la femme.

Si le mari est mineur , interdit , absent, ou simplement trop éloigné pour donner son autorisation , l'autorisation du juge est nécessaire à la femme , soit pour ester en jugement, soit pour contracter ou s'obliger , et cette autorisation doit être donnée en connaissance de cause.

Pendant la durée de la peine, soit afflictive , soit infamante , à laquelle le mari a été condamné , la femme est obligée de se faire autoriser par le juge , qui peut en ce cas donner l'autorisation sans que le mari ait été entendu ou appelé.

Au contraire , comme le mari mineur a néanmoins la puissance maritale sur la personne et sur les biens de sa femme , l'autorisation du juge n'a pour effet que de suppléer à l'incapacité qui résulte de sa minorité ; ainsi le mari mineur doit être consulté.

3° *Effets de l'autorisation et du défaut d'autorisation.*

L'autorisation supplétive de la justice a l'effet, comme celle du mari , de faire cesser l'incapacité de la femme mariée, et de rendre l'acte pour lequel elle est autorisée aussi valide qu'il le serait si elle n'était pas engagée dans les liens du mariage.

L'acte consenti par la femme sans autorisation n'est pas nul, mais annulable seulement. L'action en nullité fondée sur le mépris de l'autorité maritale, et sans aucune question d'intérêt pécuniaire, n'appartient qu'au mari et ne peut être exercée que pendant le mariage. Si elle se fonde sur l'intérêt pécuniaire de celui qui agit, l'action appartient au mari, à la femme et à leurs héritiers, créanciers ou autres représentants, et alors elle peut s'intenter tant qu'il n'y a pas prescription, et la prescription ne s'accomplit que par dix ans à partir de la dissolution du mariage.

CHAPITRE IV.

De la dissolution du mariage.

Le mariage doit être indissoluble jusqu'à la mort; il n'y a que des sophismes contre cette proposition. L'art. 227 admettait cependant, avant la loi du 8 mai 1816, deux causes de dissolution outre la mort naturelle, Ces deux causes étaient le divorce et la civile. Le divorce a été aboli par la loi du 8 mai 1816. Les dispositions de la loi du 31 mai 1854 ayant aboli la mort civile, les effets de la pénalité antérieure ne sauraient plus être appliqués, et la mort seule peut rompre les liens des époux.

CHAPITRE V.

Des seconds mariages.

En principe, toute femme qui a perdu son conjoint peut en prendre un autre; on est donc libre de se remarier. Le droit romain restreignait en cette matière la liberté de la femme, parce qu'elle pouvait se trouver enceinte avant la mort de son premier époux; alors, nécessairement, il fallait un espace de temps entre la dissolution du premier mariage et la célébration du second; et cet espace de temps, précisément à cause du motif qui l'avait nécessité, devait être tel que durant cet intervalle la grossesse put suffisamment se développer.

Le Code civil, dans l'art. 228, a formulé les règles du droit romain; et pour éviter la confusion de part, *turbationem sanguinis* et afin de prévenir l'incertitude où l'on serait si c'est au premier mari ou au mari actuel que doit être attribuée la pa-

ternité de l'enfant , la loi déclare que la femme ne pourra con-
voler à une nouvelle union que dix mois après la dissolution de
la première. Mais ces motifs ne sont pas les seuls, et l'on conçoit
que ce serait un outrage à la morale et à la décence publique
que de permettre à la femme de se remarier immédiatement
après la dissolution du premier mariage.

PROCÉDURE CIVILE.

DE LA VÉRIFICATION DES ÉCRITURES.

Art, 193 à 214.

L'art. 1316 du Code Napoléon, parmi les diverses espèces de preuve des obligations, indique la preuve littérale.

A ce genre de preuve, c'est-à-dire à celle qui résulte des écritures, le Code de Procédure rattache la vérification des écritures et le faux incident civil.

Il existe deux sortes d'écritures faisant preuve d'obligations ; les écritures publiques ou actes authentiques, et les écritures privées ou actes sous seing-privé.

La contestation s'élevant sur la validité d'un acte authentique donne lieu au faux incident civil. La contestation s'élevant sur la validité d'un acte sous seing-privé donne lieu à la vérification des écritures.

Je ne parlerai pas du faux incident n'ayant à ne m'occuper que de la vérification des écritures.

Trois chapitres diviseront cette matière : dans le premier chapitre, je ferai connaître la procédure qu'il faut suivre pour obtenir le jugement ordonnant la vérification des écritures. — Le chapitre second indiquera de quelle manière doit avoir lieu la vérification. — Dans le troisième, enfin, je parlerai du jugement qui statue sur la vérification, et de ses effets.

CHAPITRE I.

Dans quels cas la vérification des écritures doit être ordonnée.

La demande en vérification d'écritures peut être incidente ou principale.

Incidente, lorsque dans le cours d'un procès, une partie présentant une pièce à l'appui de sa prétention ou de sa demande, la partie adverse la dénie ou la méconnait.

Disons de suite qu'on appelle *dénégation* le fait du défendeur rejetant comme faux le titre dont on dit qu'il est l'auteur, et *méconnaissance* le fait de l'héritier de celui auquel l'écriture est attribuée, rejetant comme faux le titre attribué au testateur. Ou pour parler d'une manière plus générale, la méconnaissance est le fait du défendeur rejetant comme fausse la signature d'un tiers.

La demande en vérification est principale lorsqu'elle est directe et ne se rattache à aucun litige : ainsi, lorsqu'une partie en assigne une autre directement et uniquement en reconnaissance de sa signature placée au bas d'un acte.

Les règles que nous avons à poser ici se rattachent surtout à la vérification comme demande principale. Je me hâte de dire que ces règles sont aussi applicables à la vérification d'écritures, demande incidente. La seule différence importante entre ces deux hypothèses est que l'introduction de la procédure dans le cas de vérification, demande principale, a lieu par ajournement, tandis que dans le cas de vérification , demande incidente, la procédure s'introduit par simple acte d'avoué à avoué.

Quatre conditions sont nécessaires ponr qu'il y ait lieu d'ordonner la vérification d'écritures.

Première condition : C'est qu'il s'agisse d'un titre privé ; nous savons , en effet, que s'il s'agissait d'un titre authentique, il faudrait appliquer le faux incident civil.

Seconde condition : C'est que l'écriture ou la signature soient contestées ; en général , c'est sur la signature de l'écrit que porte la demande de reconnaissance. La signature , en effet , donne sa force à l'acte sous seing-privé , qui ne prouve que parce qu'il contient un aveu signé.

Une pièce présentée dans le cours d'un procès est censée avouée par la partie à laquelle on l'oppose tant que cette partie n'a pas expressément déclaré la méconnaître.

Mais avant toute contestation , une partie peut avoir intérêt à faire reconnaître un acte sous seing-privé , afin : 1° de donner à l'acte privé la force d'un acte authentique ; 2° de prévenir ainsi les contestations de la part du débiteur , et surtout de ses héritiers ; 5° de réduire à trois jours le délai de l'assignation ; ce délai peut être encore plus court avec la permission du président du tribunal ; 4° de dispenser de la reconciliation ; 5° d'abréger les délais de l'instruction , et de pouvoir ainsi prendre plus promptement des hypothèques. C'est ce qui résulte de l'art 195.

On ne peut prendre aucune inscription en vertu du jugement de reconnaissance ou de vérification , ce n'est qu'à défaut de paiement après l'échéance ou l'exigibilité de l'obligation (loi du 5 septembre 1807).

Si le défendeur reconnait purement et simplement l'écriture ou la signature qui lui est attribuée , le tribunal donne acte de la reconnaissance de l'écriture ou de la signature , et cet acte change entre les mains du demandeur l'écriture privée en écriture authentique ; ce qui fait que si plus tard , le débiteur refusait de payer , il ne pourra pas retarder les poursuites du créancier en le forçant de prouver préalablement la sincérité de l'écrit.

Le défendeur qui reconnaît immédiatement et sans résistance l'écriture ou la signature de l'acte ne paie pas les frais , car n'ayant pas contesté , il n'a pas perdu de procès , et comme cet aveu est tout à l'avantage du demandeur , il est juste qu'il en supporte les frais , même ceux de l'enregistrement de l'écrit , à moins que lors de l'échéance le débiteur refusât de se libérer.

C'est à celui qui produit l'acte qui doit en prouver la sincérité, d'après ce principe , que la négative ne se prouve jamais.

L'art. 194 ajoute : « Si le défendeur ne comparait pas il sera donné défaut et l'écrit *sera tenu pour reconnu* » cette partie de l'art. est une exception à ce principe de l'art. 150 : « Le défaut sera prononcé à l'audience , sur l'appel de la cause et les conclusions de la partie qui le requiert seront adjugées , *si elles se trouvent justes et bien vérifiées.* »

Cette conséquence rigoureuse du défaut du défendeur , la reconnaissance tacite de l'écrit , lorsque la demande est principale, il faut l'étendre , lorsque la demande est incidente , au défaut prononcé, contre celui qui ne répond pas à l'acte d'avoué à avoué contenant demande incidente de vérification.

Si de plusieurs défendeurs assignés en reconnaissance d'écriture, l'un comparaît et l'autre fait défaut, les juges prononceront le jugement de jonction de défaut qui sera sujet à opposition , comme tous les jugements par défaut (art. 153).

Troisième question. — Pour qu'il y ait lieu d'ordonner la vérification. C'est que l'allégation de la partie qui produit l'écrit ainsi que la dénégation de celle à qui on l'oppose soient *vraisembles.*

Quatrième condition.— C'est que l'acte ne puisse être écarté par *une voie plus simple.* Les juges doivent toujours prendre la voie la plus courte pour terminer le procès, lorsque cette voie n'a rien de contraire à la justice.

CHAPITRE II.

De quelle manière la vérification doit avoir lieu.

Lorsque le défendeur dénie ou ne reconnaît pas l'écriture ou la signature, le procès alors s'engage alors sérieusement, et c'est à cette hypothèse que se réfèrent les dispositions de notre présent chapitre.

Si le tribunal ne trouve pas des éléments suffisants de conviction dans l'inspection de la pièce, dans les circonstances de de la cause, il faudra recourir à la procédure de vérification.

Cette vérification dit l'art. 195 pourra avoir lieu soit par titres, soit par experts, soit par témoins.

Ces trois modes, les titres, l'expertise, l'audition de témoins, peuvent être ordonnés cumulativement ; le tribunal a aussi le droit de n'en ordonner qu'un seul. Si les trois modes cumulativement ordonnés donnent des résultats concluants mais opposés, la preuve par titre devra être préférée à toute autre, et la preuve par témoins à la preuve par experts.

La preuve par titres se fait à l'aide d'autres actes, d'autres écrits non contestés. Ainsi, l'écrit contesté est relaté dans un acte authentique, sa sincérité est prouvée par un titre.

La preuve par témoins n'a pour but que de prouver la vérité de l'écrit. Ainsi, l'art. 211 porte : « Pourront être entendus comme témoins ceux qui auront vu écrire ou signer l'écrit en question, ou qui auront connaissance de faits pouvant servir à découvrir la vérité. »

Tout moyen de s'éclairer que la loi n'interdit pas au juge doit être réputé permis. Le tribunal ne permettra donc pas au demandeur, sous prétexte de vérification d'écritures, de se procurer une preuve testimoniale que la loi prohibe.

L'article 212 ne contient de particulier à l'audition des témoins en matière de vérification d'écritures, que la nécessité d'examiner et de parapher les pièces contestées. Le défaut du paraphe ou de la mention du paraphe n'entraînerait pas nullité; mais ces irrégularités affaibliraient l'autorité du témoignage. Quant à la forme de l'audition des témoins, elle est indiquée au titre des enquêtes.

La preuve par experts est la plus généralement employée, quoique ce soit celle qui offre le moins de certitude. Aussi, les rédacteurs du Code se sont-ils crus obligés de se justifier d'avoir admis ce mode de preuve dans la vérification des écritures, en se fondant sur l'impossibilité de se procurer, dans beaucoup de circonstances, un autre genre de preuve. Aussi voyons-nous, au titre des *rapports d'experts*, que leur opinion n'oblige pas le juge, qui peut très bien admettre, en la motivant, une décision contraire aux conclusions des experts.

Trois phases à considérer dans l'instruction qui a pour but de vérifier la pièce contestée : 1° du dépôt de la pièce; 2° des pièces de comparaison; 5° du travail des experts.

De la pièce contestée. — L'art 196 dit : « Le jugement qui autorisera la vérification, commettra le juge devant qui la vérification se fera; il portera aussi que la pièce à vérifier sera déposée au greffe après que son état aura été constaté, et qu'elle aura été signée et paraphée par le demandeur ou son avoué et par le greffier. » Le tribunal n'est pas obligé par la loi à fixer le délai dans lequel on devra déposer la pièce; toutefois, il est convenable de le fixer.

L'art. 198 ajoute : « Dans les trois jours du dépôt de la pièce, le défendeur pourra en prendre communication au greffe sins déplacement : Lors de la ladite communication, la pièce sera paraphée par lui ou son avoué, ou par son fondé de pouvoir spécial; et le greffier en dressera procès-verbal. »

Le délai de trois jours ne court du jour même du dépôt que si le défendeur y a assisté : autrement la signification de l'acte dedépôt est nécessaire pour faire courir ce délai, qui d'ailleurs n'est que comminatoire; il n'est nullement de rigueur.

Il est facile de comprendre que ces formalités ont pour but d'empêcher toute altération de la pièce et d'établir d'nne manière certaine qu'elle est connue des deux parties, et que leurs allégations contradictoires ont bien pour but le même écrit.

2° *Des pièces de comparaison.* Pour savoir si l'écriture ou la signature eontestée émane ou non de celui à qui elle est attribuée, le premier soin à prendre est de rechercher d'autres pièces d'écriture, d'autres signatures non contestées, afin de les comparer ensemble. Pour les signatures devant servir de pièces de comparaison, le juge ne recevra que celles apposées aux actes authentiques soit notariés soit judiciaires (art. 220).

Cet article se rapporte au cas où les parties ne s'entendraient pas sur l'admission des pièces de comparaison; quand les parties conviennent à l'amiable d'admettre telles ou telles pièces de comparaison, le juge doit simplement les accepter. Au contraire, si les parties ne s'entendent pas, le juge commissaire décidera sauf recours, non par la voie d'incident, mais par celle d'appel.

On se demande pourquoi une pièce contestée d'abord, mais

judiciairement reconnue, n'est pas admise comme pièce de comparaison.

Il faut voir dans cette décision l'application du principe de l'autorité de la chose jugée.

La chose jugée ne constitue qu'une vérité relative. Le jugement ne produit son effet qu'entre les mêmes parties, agissant dans les mêmes qualités, relativement à la même chose et lorsque la demande est fondée sur la même cause (art. 1351, C. N.).

Les art. 202, 203, 204 et 205 font connaître les règles à suivre au sujet des pièces de comparaison, détenues par des dépositaires publics ou autres.

Si le juge-commissaire a entre les mains un assez grand nombre d'écritures, il doit choisir, comme pièce de comparaison les plus rapprochées en date de la pièce à vérifier, à cause du notable changement que peut subir, dans l'espace de plusieurs années, l'écriture de la même personne.

Au contraire, à défaut ou en cas d'insuffisance des pièces de comparaison, le juge-commissaire pourra ordonner qu'il sera fait un corps d'écritures, lequel sera dicté par les experts, le demandeur présent ou appelé (art. 206).

La comparaison des écritures est faite par des experts au nombre de trois, nommés d'office par le jugement qui autorise la vérification, à moins que les parties se soient accordées pour les nommer.

La lecture des art. 206, 207, 208 et 209 suffit pour savoir ce que doivent faire et comment doivent faire les experts pour procéder à la vérification.

CHAPITRE III.

Du jugement qui statue sur la vérification et de ses effets.

La procédure de la vérification d'écritures peut aboutir à deux résultats ; ou bien il ne sera pas prouvé que la pièce émane de celui à qui elle est attribuée, ou bien, au contraire l'instruction démontrera que le défendeur a eu tort de dénier ou de méconnaître l'écrit.

Dans le premier cas, pas de difficultés, la partie qui l'a produite doit supporter les dépens.

Dans le second cas, c'est-à-dire lorsque le jugement déclare la pièce vraie, deux hypothèses à considérer. Ou l'adversaire était l'auteur de la pièce, alors d'après l'art. 213 « le condamne à cent cinquante francs d'amende envers le domaine, outre les dépens, dommages et intérêts de la partie, et pourra être condamné par corps même pour le principal. »

Ou bien, c'est un héritier ou ayant-cause qui a méconnu la signature ou l'écriture attribuée à son auteur, dans ce cas il ne sera jamais condamné à l'amende ni soumis pour les dépens à la contrainte par corps, mais seulement dans l'instance, il devra, selon la règle générale, être condamné aux dépens et même aux dommages-intérêts.

La différence des résultats dans ces deux hypothèses est facile à se justifier. En effet, dans le premier cas, il est difficile que celui qui dénie une écriture ou une signature que le jugement déclare émanée de sa propre main échappe au soupçon de mauvaise foi ; tandis que le défendeur peut, de très bonne foi, ne pas reconnaître une écriture ou une signature que le jugement déclare émanée non pas de lui personnellement mais de son auteur.

DROIT CRIMINEL.

Aperçu sur l'histoire de la législation criminelle française depuis les Codes de 1808 et 1810 jusqu'à nos jours.

Ecrire l'histoire de la législation criminelle d'un peuple n'est pas une tâche facile à remplir. Pour tracer ce tableau et pour qu'il puisse être apprécié dans son ensemble, il faut, en indiquant les diverses modifications du droit criminel, faire connaître les motifs qui ont guidé le législateur.

Il serait nécessaire pour cela de renfermer dans le même cadre l'histoire des mœurs de ce peuple et celle des divers gouvernements qui se sont succédés. Il ne m'est pas donné de présenter un travail aussi complet et qui serait trop au-dessus de mes forces.

J'ai compris que dans un cercle plus restreint, il m'était demandé d'exposer quelques principes généraux et d'examiner si ces principes ont trouvé leur application dans les dispositions pénales écrites dans nos Codes depuis 1806 et 1810 jusqu'à nos jours, enfin d'indiquer à grands traits les principales modifications de la législation criminelle dans la période à décrire.

Le droit de punir trouve sa raison d'être dans le besoin d'expiation et dans l'utilité de la répression.

Il est juste au point de vue religieux et suivant le sentiment intime que l'homme trouve en lui, qu'une action coupable reçoive son expiation.

Dès le berceau, l'homme comprend qu'il est des actions permises et d'autres défendues , il sait que le mal doit être puni et le bien récompensé.

C'est ce principe et de celui qui naît des nécessités sociales que dérive le droit de punir; la loi doit nécessairement frapper celui qui ne la respecte pas.

Les caractères principaux auxquels il est permis de reconnaître si la loi pénale remplit les conditions qui lui sont propres, c'est de savoir 1° si la loi est morale, 2° si elle est populaire , 5° si elle est nécessaire.

Heureux le peuple qui trouve dans sa législation criminelle l'accomplissement de ces conditions : Alors la justice a pris sa forme régulière : plus de juges exceptionnels, plus de lois temporaires, justice promise à tous et égale pour tous. Telle est la loi de Dieu; La loi humaine ne peut avoir de puissance qu'en lui empruntant ces caractères.

Examinons maintenant les diverses phases du droit criminel en France depuis 1801 jusqu'à nos jours.

Dès l'avènement de l'empire, l'homme de génie qui gouvernait la France s'appliqua à l'élever au rang des plus grandes nations et par l'étendue de sa puissance et par la sagesse de ses institutions.

L'organisation de la justice criminelle reçut par lui les plus importantes modifications. L'Assemblée législative , la Convention et le Directoire avaient fatalement pesé sur la France. Le Consulat nous avait ramenés à des principes d'ordre et d'équité. Le besoin se faisait sentir de réunir des lois éparses en rejetant toutes celles qui n'avaient eu qu'un caractère temporaire. De là la nécessité d'une codification criminelle. En 1808 fut édicté le Code d'instruction criminelle qui règlemente l'ordre et la marche de la justice en matière pénale. En 1810 fut promulgué le Code Pénal ; recueil complet et précis de toute la législation pénale de cette époque.

Parcourons la période de 1808 à 1810.

En premier lieu, le jury d'accusation fut supprimé. Il était en effet contraire à la bonne administration de la justice que des hommes sans mission spéciale et la plupart du temps incapables eussent à diriger une procédure criminelle qui nécessite tant d'attention et de labeur ; ne pouvait-il pas aussi advenir qu'avant la mise en accusation les influences eussent trop d'accès auprès du jury.

Le conseil-d'Etat vota la suppression du jury d'accusation, il fut remplacé par les chambres du conseil et des mises en accusation. Ici des magistrats impartiaux, des hommes froids et réfléchis, étrangers aux passions qui s'agitent en-dehors du sanctuaire de la justice ont à prononcer, après mur examen, sur la question de mise en accusation. Ce mode est la garantie pour tous que la justice ne sera pas violée.

L'organisation des cours impériales et des cours d'assises date de la même époque, l'instruction orale et la publicité des débats témoignent hautement du progrès qu' s'accomplissait.

Cependant le chef de l'Etat crut nécessaire de maintenir des cours spéciales, qui avaient à juger des crimes politiques et auxquelles on déférait encore la connaissance de certaines causes suivant la qualité des personnes et la nature des faits.

Le Code Pénal de 1810 était empreint d'une grande sévérité, il appliquait la peine de mort aux crimes politiques et à la plupart des attentats contre la propriété. Enfin, il y avait dans ce Code des dispositions qui pouvaient être efficaces pour épouvanter les coupables, mais qui avaient en elles quelque chose qui répugnerait aujourd'hui à l'état de nos mœurs et aux sentiments d'humanité tels qu'ils sont compris à notre époque ; je veux parler de la mutilation du poing, de la marque des condamnés avec un fer brulant et du carcan.

A côté de ces rigueurs plaçons avec bonheur l'adoucissement apporté dans les peines pécuniaires privatives de liberté temporaire et la latitude laissée aux juges pour le maximum et le minimum de la peine, dispositions qui se trouvent consacrées aujourd'hui d'une manière plus générale par l'art 464 du Code Pénal.

Les changements de gouvernement sont toujours l'occasion d'une modification nouvelle dans la législation d'une nation. C'est surtout le droit criminel qui présente à l'examen de l'histoire et aux études du légiste le sujet de nombreuses observations. Si le gouvernement croit en lui, s'il a la conviction de sa force et de sa durée, il adoucira les lois dans le but de faire progresser l'ordre et le bien être. Si, au contraire, il se croit mal affermi, s'il voit à chaque instant son existence menacée, il se retranchera derrière des lois d'exception. Ne pouvant parvenir à convaincre, il aura recours à la menace.

La restauration, à tort ou à raison, croyait à son principe ; elle supprima les cours spéciales et maintint la juridiction ordinaire. Il lui sembla qu'elle avait pour mission d'effacer tout ce qui, dans la législation, portait l'empreinte du régime révolutionnaire, elle abolit la confiscation.

En 1830, la France vit s'élever un gouvernement nouveau pour elle. Les libertés constitutionnelles lui furent accordées. Cette situation créa au pouvoir éabli des obligations difficiles à remplir. Dans le cadre qui nous est tracé, nous avons à faire remarquer que l'on voulait adoucir la pénalité s'appliquant aux crimes politiques ; à cet effet on établit une différence entre ces crimes et les crimes communs. Aux crimes politiques vient nouvellement s'appliquer la détention qui faisait disparaître le caractère infamant des peines précédemment édictées.

Cédant au vœu généralement exprimé , les mandataires du pays effacèrent de nos Codes la mutilation du poing, la marque et le carcan , restes de barbarie qui révoltaient le cœur sans ajouter à l'intimidation pour les coupables (loi du 28 avril 1832).

Le législateur athénien proscrivait mieux le parricide en refusant d'y croire, et lui jetait ainsi plus d'opprobre que le législateur français en torturant l'agonie du coupable.

Ce fut aussi vers 1832 que la peine de mort fut supprimée dans plusieurs cas notamment pour le crime d'incendie et pour celui de vol à main armée.

Les lois criminelles de cette époque ont toutes ce caractère, qu'il est facile de remarquer, que le législateur a eu l'intention de les rendre plus douces et leur application plus rare. Cette tendance se fait surtout remarquer par l'introduction dans la législation du vote applicable aux circonstances atténuantes. Cette loi confère aux jurés dans une bien large mesure le droit de déterminer la moralité juridique des actes dont l'accusé a été reconnu coupable. C'est d'une part la possibilité de tempérer les rigueurs de la loi, mais c'est peut-être aussi le pouvoir de la rendre inefficace.

Nous voici sous la république de 1848.

Les réflexions auxquelles je me livrais naguère vont ici recevoir une exceptton. Non il n'est pas toujours vrai que l'adoucissement des lois soit la preuve de la force du gouvernement. Le gouvernement républicain est contraint par son origine et par les conditions de sa propre existence à flatter les idées des hommes qui lui ont porté secours pour révolutionner le pays.

Il n'aura de durée qu'à la condition de n'avoir point déplu. De là les concessions. 1848 a proclamé l'admission aux fonctions de juré de tous les Français âgés de trente ans, jouissant des droits civils et politiques, sauf quelques cas d'incapacité.

Confection de la liste annuelle du jury par les délégués des conseils municipaux de toutes les communes. Attributions au jury du droit de statuer sur les dommages réclamés pour fait de presse. 26 février 1848, abolition de la peine de mort pour crimes politiques par décret du gouvernement provisoire. Au 15 août 1849, le gouvernement républicain avait vieilli et il se relâchait de sa clémence en consacrant la compétence des tribunaux militaires pour le jugement des crimes et délits contre la sûreté publique.

A la république de 1848 succède de nouveau l'empire, et j'arrive ainsi à la dernière période de mon programme. Sous ce gouvernement actuel, si fécond en utiles réformes, le Code pénal a reçu de nombreuses modifications. Deux lois, entre beaucoup d'autres, la première sur les bagnes, la seconde consacrant l'abolition de la mort civile seront une des principales gloires de cet empire.

La mort civile était encourue dans trois cas : peine de mort, travaux forcés à perpétuité, déportation. La mort civile assimilait le condamné à celui qui était mort naturellement. De là, succession ouverte, mariage dissout, etc. : résultats désastreux! Cette institution n'était plus en harmonie avec notre civilisation; c'est ce qu'ont compris nos législateurs modernes, aussi l'ont-il. abolie par une loi du 31 mai 1854.

Les considérations que je viens d'examiner servent à démontrer que dans une période de quarante-sept ans le droit criminel de la France a subi d'assez grandes modifications. Celles qui ont été édictées pour les besoins du moment sont déjà abrogées, le temps en a fait justice. Celles au contraire qui ont pris leur source dans les nécessités sociales, dans les élans du cœur et les sentiments de générosité si naturels à l'homme restent comme des monuments impérissables.

Cette Thèse sera soutenue, dans une des salles de la Faculté, le 9 août 1855.

Vu par le président de la Thèse,

DUFOUR.

Imprimerie de Bellegarrigue, rue des Filatiers, 40.